QUE FAIRE

DE LA

TURQUIE D'EUROPE?

PAR

LE COMTE DE M*** ET LE BARON DE C***

> « Lorsqu'on est avec la morale,
> l'honneur, la fidélité, même ce qui
> est hardi réussit très-souvent. »
> (Duc de Choiseul.)

NANCY

HUMBERT, LIBRAIRE-ÉDITEUR
RUE DE LA HACHE, 58
—
1876

QUE FAIRE

DE LA

TURQUIE D'EUROPE ?

QUE FAIRE

DE LA

TURQUIE D'EUROPE?

PAR

LE COMTE DE M*** ET LE BARON DE C***

> « Lorsqu'on est avec la morale, l'honneur, la fidélité, même ce qui est hardi réussit très-souvent. »
> (Duc de CHOISEUL.)

NANCY

HUMBERT, LIBRAIRE-ÉDITEUR

RUE DE LA HACHE, 58

1876

QUE FAIRE

DE LA

TURQUIE D'EUROPE?

> « Lorsqu'on est avec la morale, l'honneur, la fidélité, même ce qui est hardi réussit très-souvent. »
> (Duc de CHOISEUL.)

I

Griefs des chrétiens. — Réformes. — Raison de leur inexécution. — Perspective d'avenir.

La Turquie se désagrége de plus en plus. Les liens se relâchent; bientôt peut-être on les verra se rompre. Ce mouvement est visible à l'œil nu. Hier c'était la Grèce et la Servie qui voulaient se gouverner elles-mêmes; aujourd'hui c'est l'Herzégovine, c'est la Bosnie, etc.

Si cela continue, et c'est à prévoir, l'autorité du Sultan ne tardera pas à être réduite à zéro dans la péninsule des Balkans.

Il est certain que les Turcs sont en petite minorité dans la Turquie d'Europe, où l'élément chrétien augmente rapidement, tandis que l'élément turc diminue dans d'incroyables proportions. Les Turcs sont obligés de parler la langue de la majorité et d'envoyer leurs enfants dans les écoles chrétiennes.

Et pourtant les musulmans sont *en majorité* dans les conseils et les administrations du pays. Cette injuste anomalie, créée par la loi des *vilayets* (provinces), jointe aux fautes des fonctionnaires ottomans, explique le mécontentement des populations chrétiennes de la Turquie d'Europe.

Les rapports des consuls, et spécialement des consuls anglais, prouvent à quelle déplorable administration sont soumis les peuples de l'Empire ottoman.

A la date du 1er avril 1867, le consul anglais de Salonique écrit ceci :

« Le principal grief des chrétiens, c'est-à-dire la non-admission de leurs témoignages devant les tribunaux civils, n'a été écarté qu'*en apparence*, car dans les cours mixtes établies depuis la loi des *vilayets*, la proportion entre chrétiens et musulmans est telle que *les décisions de ces tribunaux ne dépendent que des Turcs.* »

Et le consul anglais de Monastir :

« Malgré l'immense majorité des chrétiens et des israélites, les musulmans constituent la plus grande partie des membres des tribunaux soi-disant mixtes.

« Dans tous les tribunaux, les non-musulmans ne sont que des personnages muets. Ils ne peuvent pas avoir d'opinion indépendante ; la plupart du temps on ne demande leur avis qu'après que tous les membres musulmans ont exprimé le leur, et alors ils sont assez prudents, s'ils estiment leur sécurité, pour ne pas être d'une opinion contraire..... *Presque tous les membres des medjliss* (conseils) *sont accessibles à la concussion.* Le tribunal criminel est aussi fortement suspect de prévarication.

« Il est notoire qu'un grand nombre de chrétiens ont été assassinés les derniers 10 ans, et presque toujours par des musulmans, dans un but de vengeance ou de pillage. Dans quelques-uns de ces cas, les coupables ayant été cités devant les tribunaux, les témoignages des chrétiens ont été considérés comme insuffisants ; les accusés ont été mis en liberté et leur première pensée a été de se venger de l'humiliation que leur ont fait subir les *guiaours*. »

Le vice-consul anglais de Cavalla raconte le fait suivant :

« En 1864, deux chrétiens furent accusés devant la cour criminelle d'avoir assassiné un musulman. Les témoins à décharge, étant chrétiens, ne furent pas écoutés, tandis qu'un parent de la personne soi-disant assassinée siégeait au nombre des juges. L'inique procédure suivit son cours : un meurtre juridique s'accomplit sur l'une des victimes ; l'autre fut emprisonnée. Les membres de cette cour *criminelle* sont maintenus jusqu'à présent, et le chef de l'administration qui avait approuvé et ratifié ces procédés, fut peu de temps après promu à un poste supérieur dans la province *chrétienne* du Liban. »

Ecoutons maintenant le vice-consul anglais d'Andrinople :

« Les procès concernant les propriétés foncières sont portés devant le *mehkémé* où la loi musulmane est seule considérée ; quand un non-musulman y figure comme demandeur ou comme défendeur, *les juges ignorent les témoignages des non-musulmans.* »

Le vice-consul de Soulina est très-catégorique :

« Il est également notoire qu'un *raïa* obtient très-rarement, sinon jamais, gain de cause dans une poursuite judiciaire contre un musulman. Le fait même d'être chrétien exclut la possibilité d'obtenir justice. »

Voici quelques détails donnés par le vice-consul de Kustendjé :

« Devant les tribunaux, si un turc est partie plaignante ou défendante, le témoignage d'un chrétien n'est pas admis, et tout *raïa*, fût-il à même de produire 50 témoins, est obligé d'acheter le témoignage de deux musulmans. C'est ce qui se passe tous les jours !..... Dans le district de Toultcha, gouverné par un Kaïmakam et où siégent les tribunaux *mixtes*, un chrétien avait perdu, l'hiver passé, trois chevaux que s'était appropriés un musulman, domicilié dans un autre village. Le cas fut porté devant le *cadi* et le *medjliss* (cour provinciale *mixte*). Le plaignant fut requis de prouver par témoins que les chevaux lui appartenaient. Il produisit les témoignages de tous les habitants de son village qui affirmèrent sous serment que ces chevaux étaient à lui. On le somma néanmoins de faire témoigner deux turcs. C'est en vain qu'il représenta qu'il n'y avait pas de turcs établis dans son village. *Pas de Turcs, pas de chevaux !* Il en advint qu'il fut obligé d'acheter, moyennant 3 liv. sterl., le témoignage de deux musulmans, qui affirmèrent que ces chevaux lui appartenaient, *quoiqu'il fût parfaitement connu de tous les membres du tribunal que ces témoins ne connaissaient ni cet homme ni ces chevaux.* »

Nous pourrions multiplier les citations. Nous pourrions facilement prouver, par des témoignages irrécusables, que les faits révélés ci-dessus se produisent par milliers dans toute l'étendue de l'Empire. Si la Turquie d'Europe où les chrétiens dominent, est tellement maltraitée, que l'on songe un peu à tout ce que nos yeux ont dû voir dans l'intérieur de l'Asie Mineure, peuplée surtout de Turcs. On se plaint des injustices qui journellement s'étalent au grand soleil de la capitale et des villes importantes, comme Smyrne et Beyrout, mais il faut plaindre surtout ces tristes populations qui habitent les extrémités de la Turquie et qui se trouvent livrées à l'arbitraire de fonctionnaires peu soucieux du bien public, mais très-occupés de leurs plaisirs et de leur fortune.

Qu'on ne s'étonne donc pas des tiraillements continuels qui ont lieu entre Turcs et chrétiens. Les soulèvements et les guerres civiles sont les fruits certains des idées qui inspirent les ministres ottomans. Les faits sont les conséquences des idées; c'est de la logique en action. Quand on a longtemps supporté, longtemps souffert, qu'on a entendu mille plaintes autour de soi, qu'on a dû se taire pour ne pas s'exposer au ressentiment des intrigants qui entourent les fonctionnaires, il arrive un moment où la coupe est pleine. Jetez-y une goutte, un fait nouveau, la coupe débordera. Le cœur était trop gonflé, la colère éclate ! Tout se réveille alors : les vieilles haines, l'antagonisme religieux, les souvenirs historiques, les aspirations nationales. Vous avez alors l'insurrection de la Bosnie et de l'Herzégovine sur les bras et vous n'avez pas d'argent — c'est la peine de vos fautes — pour payer vos troupes.

Au moins s'il apparaissait quelque espoir que ce déplorable état des choses sera changé, que l'administration sera épurée peu à peu avec la nouvelle génération des fonctionnaires et par une sévère application de la loi contre les administrateurs peu honnêtes ; enfin si l'on voyait ces fameuses réformes, tant de fois promises, recevoir un commencement d'exécution ; on prendrait peut-être patience dans le présent, en tenant les yeux fixés sur cette aurore nouvelle de l'avenir consolateur.

Mais non ; rien ne change. Ou bien quand il y a changement, c'est au détriment des chrétiens, comme le prouve la loi des *vilayets*. Ne nous parlez plus de réformes, car nous vous presserons par les questions suivantes.

Où est élevée la nouvelle lignée de vos fonctionnaires ? Autour des mosquées et dans les bureaux des copistes. Où sont vos écoles de droit ? Quelle est l'organisation de votre magistrature ? Présente-t-elle des garanties de science, d'intégrité, d'indépendance ? Avez-vous un code *complet* de vos lois civiles ou pénales ? Ces lois, les avez-vous régulièrement promulguées et dans une langue que le grand public puisse comprendre ? Quel est votre système pénitentiaire ? Est-il seulement passable en fait de propreté ? Et enfin cet horrible interrogatoire qu'on appelle *la torture*, est-il totalement supprimé partout, sous quelque nom que ce soit ?

Vous avez des lois contre les fonctionnaires prévaricateurs. Mais, depuis que vous nous avez annoncé la Réforme, quel juge avez-vous puni pour corruption, quel gouverneur a été forcé de rendre des comptes exacts, sévères, ainsi que l'argent escamoté par lui ! Pas un ; pas un seul !

Et ces réformes que l'on promet toujours, que l'on accorde même par écrit et qui n'arrivent jamais en réalité, ces réformes ne sont qu'un narcotique et un mensonge. Elles ont endormi quelque temps l'Europe ; elles ont trompé les populations chrétiennes de l'Empire.

Non, non, rien ne change, si ce n'est en mal.

On pourrait croire peut-être que la Turquie a manqué d'hommes capables. Ce serait une erreur ; elle a eu le grand Réchid, puis Fuad et Aali-pacha. Ces hommes tout puissants, ces grands réformateurs, malgré tout leur talent, ont eu peur de la Réforme. Alors, ils se sont usés à en écarter le plus possible l'exécution, par tous les expédients qu'a pu inventer leur finesse, leur habileté d'esprit. Mais voilà qu'ils ont laissé après eux une si lourde succession politique, que nul n'en peut supporter le poids. Après avoir formellement reconnu que les réformes feraient le plus bel avenir à la Turquie, ces grands ministres ont lutté de leur mieux contre ces mêmes réformes et ce bel avenir !

Et pourquoi donc ces hommes ont-ils eu peur ? Nous répondrons d'un seul mot : *ils étaient turcs*. Cela veut dire qu'ils étaient pénétrés de l'esprit turc, de cet esprit qui n'a jamais cessé de régner à la Sublime-Porte et qui ne semble pas — perspective désespérante — devoir changer dans l'avenir. Cet esprit, cette idée, c'est *l'amour-propre de race et de culte*; idée bonne au fond, mais très-mauvaise dans un pays où il y a tant de races diverses, tant de cultes différents. Voici le plan de la Sublime-Porte : proclamer, puisqu'il le faut, l'égalité des droits, et maintenir, par les plus grands efforts, la supériorité des musulmans sur les chrétiens. Y a-t-il là autre chose qu'un aveugle égoïsme de race ? C'est le vainqueur enchaînant le vaincu et lui disant: vous êtes libre.

Outre l'hypocrisie de ce jeu, il y a encore une grande injustice. La supériorité réelle, non pas politique, mais effective des musulmans sur les chrétiens n'existe pas. Les chrétiens sont supérieurs par leur intelligence, leur activité, leur instruction, leurs mœurs, leur civilisation, leurs écoles, leurs établissements de bienfaisance et en Turquie, d'Europe, par leur nombre aussi. Telle est l'injustice.

L'égalité des droits ferait de plus en plus monter les chrétiens aux emplois publics, à l'exclusion des musulmans, moins instruits, moins actifs et moins capables. Naturellement, aux yeux des ministres turcs, il y a là un danger pour le trône du Grand-Seigneur. Voilà quelle est la crainte permanente qui assiége et fatigue leur esprit. Ils ne voudraient pas travailler à la ruine de l'Empire — en cela ils ont raison — et alors ils ont recours à toutes les ruses pour éviter l'application des réformes demandées par les chrétiens, conseillées par l'Europe, proclamées par les *hatts* impériaux des Sultans.

Telle est la raison radicale pour laquelle la Réforme reste une lettre morte, sans passer dans la pratique.

Nous allons citer, à ce sujet, le témoignage d'un écrivain du pays.

Dans une adresse au grand-vizir, il pose ainsi la question : Comment faire partie du concert européen sans appliquer à l'Empire le droit européen, et comment mettre en pratique le droit européen, l'égalité, sans anéantir l'autorité des musulmans ? « En un mot, dit-il, comment vivre sans réformer, comment réformer sans périr ? »

Et il continue : « Avec le principe d'égalité, notre ministre de la marine serait nécessairement un grec, nos juges et nos gouverneurs seraient des arméniens ou d'autres chrétiens, et certainement nos finances ne resteraient pas entre les mains des Turcs. Enfin avec de hauts fonctionnaires chrétiens, personne ne pourrait empêcher que le poste du grand-vizir ne fût également occupé par un chrétien, et alors, devant cette élévation de l'élément chrétien, où resteraient les Turcs, et que deviendrait la *Turquie ?* »

Lorsqu'en 1867 il s'agissait d'accorder le droit de propriété immobilière aux étrangers, l'écrivain turc disait : « Nous avouons que rien ne pourrait transformer la face de l'Orient d'une manière plus complète qu'une pareille mesure. En peu de temps, dans la capitale de la Turquie, il n'y aurait plus aucune maison turque. Tout serait entre les mains des chrétiens et des étrangers. Stamboul serait rebâti, le Bosphore serait plus magnifique encore ; mais dans cette nouvelle ville, il n'y aurait plus d'autres Turcs que ceux qui seraient obligés d'y rester pour gagner leur vie, en balayant les rues de leur ancienne capitale. »

Cette crainte du publiciste ottoman va jusqu'à la terreur. On voit bien qu'il exagère, mais la crainte existe, et de longtemps peut-être on ne pourra l'effacer des esprits.

Eh bien ! aussi longtemps que cette terreur pèsera sur les Osmanlis, la Réforme ne sera qu'un simulacre. Ecrite sur toutes les chartes et dans toutes les nouvelles lois, elle ne sera mise en pratique que le moins possible, tout juste ce qu'il faut pour tromper l'Europe et faire illusion aux ambassadeurs. On se livrera, dès lors aux tours les plus malins et les plus variés de la prestidigitation, pour retirer d'une main ce qu'on aura été *forcé* de concéder *spontanément* de l'autre.

Pratiquement, tout cela doit se traduire ainsi : le témoignage des chrétiens ne sera pas admis en justice; les chrétiens seront en minorité dans les conseils ; leur opinion ne sera même pas demandée ; ils auront grand'peine à obtenir quelquefois justice contre des musulmans ; leurs biens et leur vie même seront exposés à l'arbitraire, à la vengeance, au fanatisme, à la cruauté, à la barbarie.

Qu'on n'aille pas croire que nous exagérons, car nous pourrions citer des actes horribles comme ceux que subissent les malheureux Arméniens sous le joug atroce des Kourdes !

Pour résumer et appuyer nos prévisions d'avenir, citons une autorité : « L'Europe ne reformera pas l'Empire ottoman ; elle n'en fera pas un élément régulier et vivant de l'ordre européen ; elle ne délivrera pas de leurs lamentables conditions, six millions de chrétiens opprimés par trois millions de Turcs, qui non-seulement leur font subir un joug odieux, mais qui leur ferment l'avenir auquel ils aspirent et pour lequel ils sont faits. » (*)

(*) Guizot, *Mémoires*, t. VII, p. 263.

Voilà donc la triste et trop certaine perspective qui s'ouvre aux yeux des chrétiens ! Face à face avec un avenir dont ils connaissent d'avance l'amertume, par le passé, que vont-ils faire ? Oh ! plus de promesses, ils n'y croiront pas.

Chacun voit maintenant qu'ils ont été trop patients.

Nous allons examiner ici ce qu'ils ont fait pour leur défense, car ils feront de même dans l'avenir, mais avec moins de patience et plus d'énergie peut-être. (*)

(*) Dans cette 1re partie, nous avons eu plus d'une fois recours à l'excellent ouvrage de M. Brunswick, ayant pour titre, *Etudes pratiques sur la question d'Orient*.

II

Conduite des chrétiens. — Moyens employés. — La presse. — La diplomatie. — La lutte armée.

Les chrétiens qui vivent sous le sceptre des Sultans savent bien qu'ils sont la race vaincue aux yeux des Turcs vainqueurs. Les musulmans les traitent d'*infidèles* et de *chiens.* Au fond de toutes les avanies, on trouve l'antagonisme religieux. Le Turc est pénétré de sa supériorité absolue et le manifeste ; le chrétien est convaincu de sa supériorité réelle, mais considérant son infériorité politique, il se tait, se soumet, obéit. *Obéissez à vos maîtres*, dit l'Ecriture, *non seulement quand ils sont bons et modérés, mais encore quand ils sont durs et fâcheux*. Pendant longtemps les chrétiens n'ont fait que cela.

Parfois, quand les plaintes s'accumulaient, quand les injustices devenaient trop criantes, ils chargeaient les éphores, les chefs de leurs communautés respectives, de porter leurs griefs à la connaissance des pachas-gouverneurs. Puis, ils ont osé envoyer des adresses au grand-vizir. Enfin ils ont même eu recours au Grand-Seigneur, toujours avec les formes du plus profond respect. C'était leur droit et leur devoir assurément.

Qu'ont-ils obtenu ? Hélas bien peu de chose : quelquefois seulement, le redressement des griefs a eu lieu. D'autres fois, on a vu, chose tout-à-fait curieuse ! le changement d'un gouverneur malfaisant, en même temps qu'on apprenait sa nomination à une place supérieure. Maintes fois les réponses n'ont été qu'évasives. Souvent, pour toute réponse, il n'y a eu qu'un grand silence ou des injures. On a obtenu encore bien des fois de belles promesses fugitives. Toujours les réponses ont mis plus de temps à arriver que si elles devaient venir des antipodes. Il faut dire aussi — et c'est de notoriété publique — que l'argent et l'intrigue ont souvent joué un grand rôle dans tout cela.

Que faire alors ? Les chrétiens ont fondé des journaux. La presse a enregistré, publié les plaintes. Elle continue toujours, mais toujours sans grand résultat. Nous avons sous la main le *Courrier d'Orient* de 1869, faisons quelques citations.

« Il y a plusieurs vices invétérés qui empêchent la bonne distribution de la justice ; ces vices sont connus de tout le monde ; il est superflu de s'y arrêter longuement. Mais à côté de ces vices anciens, il y a une cause nouvelle qui entrave la juste application des lois : c'est que les magistrats n'ont qu'une imparfaite connaissance de ces mêmes lois. »

Et ailleurs : « On a créé à Toultcha une municipalité, mais il vaudrait mieux qu'elle ne fonctionnât point : le résultat le plus évident qu'elle a produit jusqu'ici, c'est un accroissement de charges pour la population. Quand on se sert d'hommes incapables, il ne faut pas s'attendre à autre chose. Tout semble n'être fait que pour la forme. Vous entendez dire aux optimistes : « Nous avons une « municipalité et des *medjliss* de toutes sortes. » Mais si vous voulez savoir comment ils sont composés, on vous répond : « Ne nous demandez pas cela ; c'est le peuple qui les a élus. » Et si vous le demandez au peuple, il vous répond qu'il n'a pas été consulté. »

Sur le *vilayet* du Danube : « Ils se mêlent (les cadis) de juger les procès relatifs aux affaires commerciales ; pour eux, les pièces écrites n'ont pas de valeur (on sait que le *chériat*, loi du Coran, n'admet que les preuves orales), ils ne s'attachent qu'aux preuves testimoniales. Dans mainte affaire jugée par eux, les cadis ont avoué ingénûment que les tribunaux de commerce auraient rendu un tout autre arrêt que le leur : ils s'excusent en disant qu'ils doivent s'en tenir aux prescriptions du *chériat*. Ce fâcheux désordre est dû principalement aux gouverneurs des provinces qui, dans leur ignorance du Code de commerce, renvoient les affaires, suivant leur caprice, tantôt devant le cadi, tantôt devant le *tidjaret*, tribunal de commerce. »

Voici ce que nous lisons sur Rodosto qui se trouve à quelques heures seulement de la capitale. « Nos malheureux cultivateurs gémissent sous le poids des dettes qu'ils ont envers l'Etat et envers les prévaricateurs. On sait à quelles conditions ruineuses ces paysans se procurent les fonds nécessaires pour la culture de leurs champs : le plus souvent ce sont des contrats qu'ils concluent avec des usuriers qui font de cela un trafic spécial ; ils avancent au laboureur, pressé par le besoin, des sommes sur lesquelles ils auront à prélever, à l'époque de la récolte, un intérêt de 30 à 40, voire même de 50 p. 100 ! » Et le journal ajoute que ces prêteurs « poussent la cruauté jusqu'à leur enlever, *par les voies judiciaires*, leurs bœufs et leurs instruments aratoires. »

Il y a des journaux dans les provinces, il y en a dans la capitale. Les uns sont écrits en français ou en anglais, d'autres, en grec, en arménien ou même en turc.

Ainsi les plaintes parviennent aux ambassadeurs, à

l'Europe civilisée et on peut dire qu'elles arrivent aussi jusqu'à la Sublime-Porte. C'est un progrès. Seulement il y aurait à peu près autant de succès si les journalistes envoyaient jeter leurs feuilles au cimetière de Scutari ou à celui d'Eyoub : la Sublime-Porte est le tombeau des plaintes. On laisse crier les journaux.

Quelle liberté, direz-vous ! Attendez on laisse crier un peu, bien peu, pas beaucoup. Les communiqués, les avertissements, les suspensions, les suppressions et l'argent aussi sont des muselières connues et fréquemment employées. Le vieux turc ne veut pas museler ou supprimer les chiens de Constantinople, mais il musellera ou massacrera les chiens de chrétiens.

Laissons crier *un peu*, se dit-on à Stamboul, cela les calmera. Pus tard, *iavach-iavach* (tout lentement), nous ferons semblant d'accorder quelque chose, et on nous laissera tranquilles pour un certain temps.

Et voilà comment les plaintes publiques des journaux ne produisent guère plus d'effets que les plaintes privées. C'est toujours la même idée, le même système osmanli : cacher les fautes des fonctionnaires turcs pour maintenir, coûte que coûte, la supériorité aux musulmans.

Faire connaître à la Sublime-Porte, faire connaître aux quatre coins de l'Europe scandalisée et à ses agents en Turquie, par les cent bouches de la presse, les iniquités turques que souffrent les chrétiens, c'est déjà moins que rien : c'est appeler le médecin. On l'attend ; il vient — nous nous trompons : ils viennent, car ils sont plusieurs. Ils apportent dans des consultations successives toute la science des maîtres, depuis le plus humble jusqu'au plus hardi. Oh ! espérons dès lors que les plaignants ne se plaindront plus. Voyons.

Ce sont d'abord les consuls. Qu'ont-ils le droit de faire ? Que peuvent-ils et que font-ils ?

Un grand obstacle vient paralyser ou même empêcher leur action bienfaisante : c'est leur incompétence ; incompétence relative à certaines questions *(ratione materiæ)*, incompétence relative à certaines personnes, les *raïas (ratione personæ)*. Cette incompétence est compréhensible, mais très-déplorable, parce que la compétence légale des Turcs n'inspire que la crainte.

La première incompétence porte hélas ! sur des questions capitales comme celle de la propriété immobilière des chrétiens, tant étrangers que sujets ottomans.

S'agit-il de transmettre des biens immobiliers par succession ou par vente, mille difficultés calculées sont soulevées par les Turcs, les unes légales, les autres extra-légales, dans le but d'entraver la propriété chrétienne et plus immédiatement dans un but de lucre. Les propriétaires accourent alors dans les chancelleries des consulats pour demander assistance et se trouvent en face d'un *non possumus* officiel, devenu absolu depuis le protocole du 9 juin 1868, sur la propriété. Avant ce protocole le drogman intervenait officiellement dans ces questions.

S'agit-il des impositions foncières, elles sont faites arbitrairement, sur les bases posées par la légèreté, la malice ou l'imagination même des fonctionnaires à ce commis. Dès lors, même recours, même insuccès. Quelle faute d'avoir laissé exclure les consuls et les drogmans, en ces graves débats, du sanctuaire (ô ironie de ce mot !) de la justice, de cette justice ignorante, fanatique et systématiquement hostile aux chrétiens ! Là, au nom de cette chose sacrée qu'on appelle la justice se commettent les plus grossières iniquités et presque à la barbe des consuls incompétents.

Toutefois, s'ils sont, en cela, officiellement impuissants, ils peuvent agir à titre officieux. Par la parole artificieuse de quelque drogman, sous l'influence du consul ou de la nation qu'il représente, quelques succès isolés s'obtiennent.

La masse des chrétiens reste à découvert.

Cette dernière affirmation a une portée plus grande qu'elle ne paraît. En effet, ces succès particuliers, comme cette impuissance des consuls, s'appliquent surtout aux sujets ou protégé ses nations représentées en Turquie.

Dans quel abandon demeurent donc les *raïas*, c'est-à-dire la grande majorité des chrétiens, sur lesquels il est même défendu aux consuls d'exercer la moindre protection?... On le conçoit sans peine. Le *raïa* est un sujet taillable et corvéable à merci.

Pauvres médecins, vous êtes impuissants, cédez la place, car voici venir les ambassadeurs.

Si les consuls des provinces ou de la capitale échouent dans leurs entreprises protectrices, les chrétiens s'adressent aux ambassadeurs, à de plus illustres personnifications de l'incompétence. Incompétence officielle *ratione personæ*, et *ratione materiæ*, tout comme pour les consuls.

Ces deux soustractions faites, il reste :... l'action officieuse (lisez : *presque nulle*). Prenez les succès partiels des consuls, ajoutez-y l'importance que donne la capitale et la personne des acteurs, assaisonnez le tout avec l'habileté plus raffinée des ambassadeurs et de leurs drogmans : vous avez un plat de capitale servi aux pauvres chrétiens désappointés, avec une sauce piquante très soignée, il faut l'avouer.

Et les chrétiens de se plaindre toujours. Décidément, ou les médecins sont incapables ou le mal est incurable.

Mais la science n'a pas dit son dernier mot. Les *raïas* et les nationaux étrangers, poussés à bout par des vexations multipliées et par l'insuffisance des moyens employés jusqu'alors, veulent frapper un grand coup ; ils monteront tous les degrés de la hiérarchie des représentants et appelleront l'intervention directe des Puissances européennes elles-mêmes. D'autres fois, ces Puissances, voyant avec douleur ou avec intérêt les souffrances des chrétiens, prendront l'initiative d'une juste médiation. Tout est mis en branle à la fois ; les consuls fournissent force rapports, et force dépêches, les ambassadeurs. C'est la diplomatie qui agit, et cette fois c'est la grande action *officielle*, malgré ce malheureux article 9 du traité de 1856. Les Puissances se réunissent en conférence ; Constantinople, Paris ou Londres sera le théâtre de ces luttes généreuses, pour l'amélioration du sort des chrétiens d'Orient. Un Gortchakoff, un Walewski, un Prokesch-Osten y jettent l'éclat de leur intelligence. Les chrétiens et l'Europe s'arrêtent devant cette grande chose et restent suspendus aux lèvres de leurs vaillants avocats.

Ne semble-t-il pas que les chrétiens sont sauvés à tout jamais de l'arbitraire musulman ? Et pourquoi se serait-on réuni, sinon pour nous donner enfin les *réformes ?*

En effet, les conférences se suivent avec zèle ; des protocoles remarquables en sortent ; des conventions même sont signées. Et tous ces actes émanent d'un concert international ! Et bientôt recueillis dans les Livres jaunes ou bleus, ou répandus dans le public par le canal des *Archives diplomatiques*, ils feront admirer les conférences et les conférenciers et rejaillir sur les Etats la valeur de leurs premiers sujets.

Ainsi de grands résultats ont été obtenus et non point des promesses en l'air ou des faveurs personnelles, et les réformes sont là enfin, les voici..... dans ce firman magnanime si pompeusement publié, dans ce *hatt* impérial ou dans cette loi nouvelle. On les connaît par leurs noms par leurs dates : c'est le *Hatti-Houmaïoun* du 18 février 1856, c'est le *hatt* impérial du mois de janvier 1863, ce sont les lois de 1867 !

Horace, s'il revenait, apercevrait bien la montagne, mais il chercherait en vain le *ridiculus mus*.

Hélas ! il n'est que trop vrai de dire : trompeuses sont bien souvent les apparences. Et si l'Europe juge les réformes à travers le prisme des conférences, elle ressemble au pauvre naïf qui s'imagine des merveilles derrière ces parades extérieures et ces instruments bruyants des foires de nos cités.

De tous ces brillants dehors, que reste-t-il, nous le demandons ?...

Une immense mystification, un peu de gloire pour les uns et toute l'amère réalité pour les autres. Les améliorations proclamées naissent et meurent sur le papier ; elles restent inutiles pour les chrétiens. Bienheureux encore ces derniers quand elles ne tournent pas à leur préjudice : car le Turc, à la mine bonace, importe volontiers chez lui les progrès de la civilisation quand il les trouve bons à rendre son système plus raffiné.

Ce tableau vous paraîtra peut-être exagéré, à vous, heureux Européen qui vivez sous les auspices des lois policées que l'Orient vous envie. Vous tous qui doutez de la vérité de cette misérable situation, goûtez-en vous-même pendant quelque temps sans vous laisser distraire par l'azur du firmament, par le charme de la campagne, par la douceur du climat. Faites-y naître vos enfants et devenez-y propriétaires. A votre retour en France (car vous ne voudrez pas mourir là-bas) relisez ces quelques pages et vous nous rendrez justice (*).

(*) Nous ne parlons pas bien entendu, en ce moment, de ces moyens radicaux de la diplomatie qui consistent à séparer presque du corps turc le membre qui souffre, ainsi que nous le dirons bientôt ; nous signalons comme inappliquées et comme mortes ces belles conquêtes tout à fait intérieures qui embrassent tous les chrétiens vivant encore sous le gouvernement direct des Turcs.

Vaincus en pratique, bien que victorieux en apparence, les chrétiens ont reconnu que leur mal a été traité à l'aide de palliatifs. Ce mal est plus profond qu'on ne le pense, disent certains politiques philosophes, car il prend sa source au cœur même de l'islamisme. Pour en devenir maître, il faudrait frapper à mort le Coran, secouer le joug infidèle, dominer la race qui domine, en un mot, replanter la Croix sur l'ancien trône de Constantin. Aussi ne croirait-on pas, à certaines heures de la vie politique de la Turquie, quand on voit ce flot du mécontentement qui monte, monte toujours, grossi par les plaintes qui s'accumulent et par les déceptions du passé, ne croirait-on pas, disons-nous, que ce flot ira submerger le trône ottoman et réaliser ainsi cette nécessité fatale de la destruction de l'islamisme en Europe, espérance osée que Dieu fera peut-être vivre un jour dans la réalité après l'avoir nourrie dans le cœur des chrétiens? — Mais, si telle n'est pas l'ambition actuelle de ces hommes de même race qui se soulèvent et qui marchent à l'indépendance, du moins convoitent-ils leur autonomie nationale, non plus par la prière timidement adressée à tous les degrés de la hiérarchie politique, mais bien les armes à la main. Moyen extrême, radical et assurément bien cruel, pour aboutir à la vie civile dans la tranquillité! Mais que peut faire et que fait le naufragé à qui il ne reste plus qu'une seule planche du bâtiment échoué? Il la prend? — Ils prennent aussi les armes, ces chrétiens qu'on opprime. La force, cette chose brutale que des esprits élevés descendent jusqu'à mettre au service de l'iniquité, se trouve pleinement légitimée quand elle est au service du droit et de la religion.

Certes, nous ne voulons pas dire que toute insurrection soit légitime. Au contraire, nous réprouvons, en principe, les émeutes, séditions ou soulèvements. Mais il y a des cas où, par exception, ce moyen violent est permis. Nous citerons, à titre d'exemples, le cas de tyrannie évidente et le cas d'un mouvement général de la part d'une nation ou d'une race, pour repousser une domination étrangère.

Les chrétiens sous le joug des musulmans se sont trouvés tantôt dans la première de ces deux hypothèses, tantôt dans les deux.

Malgré cela, ils n'ont eu que rarement recours à la lutte armée. C'était toujours leur dernier moyen. Citons quelques faits saillants et contemporains.

La Servie, libre dans le principe, puis assujettie et opprimée, lève, en 1816, l'étendard d'une nouvelle révolte, sous la conduite du vaillant Miloch Obrénowitch. Les troupes serbes triomphent plus d'une fois des Turcs et raffermissent tous leurs succès dans le mémorable combat de Doublié. Leur première conquête, c'est le traité d'Ackermann (1826) qui leur vaut l'évacuation de leur territoire par les Turcs. Trois ans après, le fameux traité d'Andrinople rend à la Servie sa complète indépendance et la place sous le gouvernement d'un chef héréditaire. Elle n'est plus que tributaire de la Turquie.

Durant cette guerre, un souffle de liberté fit frisonner la Grèce, la Moldavie et la Valachie. Deux hommes, Botzaris, l'héroïque et Ypsilanthis, l'insurgé, de l'Hétairie ! deux villes, Navarin et Missolongui !...

Ces quatre noms suffisent pour rappeler l'histoire de l'insurrection hellénique entraînant le mouvement de la Moldavie et de la Valachie (1821). Allumée en secret par la Russie dans l'intérêt, *si intéressé,* qu'elle porte à tout ce qui est hostile à la Turquie, cette guerre prit, comme on le sait, les proportions d'une guerre européenne. La Russie s'y livra à cœur joie, et, avec elle, la France et l'Angleterre. Elle aboutit d'abord, en 1826, au traité d'Ackermann qui créa un divan pour régir les deux Principautés danubiennes, puis, au traité d'Andrinople qui arrêta la marche en avant du moscovisme si amoureux du Bosphore. Là se trouvent consignées et scellées par les trois grandes Puissances des choses chères aux cœurs des Hellènes et des Moldo-Valaques : la reconnaissance par la Porte de l'indépendance politique de la Grèce; la perte de la possession de la Moldavie et de la Valachie; le triomphe de l'indépendance politique de ces deux anciennes provinces, sous la seule condition du droit de suzeraineté de la Porte (*).

Voilà les conquêtes de la force armée. Loin de nous la pensée de préférer ce sang des batailles sauvages ou des massacres horribles des villes, à l'action pacifique de la diplomatie. Nous constatons seulement, sauf à conclure plus loin, ce fait parfaitement certain, illuminé par les rapprochements de cet écrit, que les oppressions scandaleuses du Gouvernement turc ou de ses agents quelconques *forcent* les chrétiens à s'armer pour obtenir justice.

Nous aurions arrêté là nos citations, si nous n'étions presque obligés par les événements de dire au lecteur : regardez l'Herzégovine, la Bosnie et la Bulgarie qui se tordent à l'heure qu'il est dans les étreintes cruelles des Turcs. Sondez les origines de cette insurrection, vous y trouverez des plaintes légitimes. Les Turcs y ont été indifférents, la révolte éclata. Alors, les Puissances intervinrent; mais ni la note Andrassy, ni les missions successives, ni les promesses, ni les conférences de Berlin, ni le memorandum Gortchakoff, rien n'a pu apaiser des populations depuis trop longtemps maltraitées et contenues.

Aujourd'hui elles n'aspirent à rien moins qu'à leur autonomie, et tout porte à croire qu'elles l'obtiendront.

(*) Il paraît que la Grèce vient de conclure une alliance offensive et défensive avec la Servie, le Monténégro et l'Herzégovine. L'histoire se répète souvent.

III

Que faire? — Plan de partage. — Dissolution.

En face de l'opiniâtre lutte de l'insurrection slave qui fait tache d'huile et pénètre tous les environs, en face de ce coup de théâtre qui a eu lieu sur le Bosphore et a placé un nouveau sultan sur le trône, les Puissances européennes se recueillent et se préparent.

Le memorandum du prince Gortchakoff est tenu en réserve pour le moment. Sera-t-il modifié? Sera-t-il remis? Oui, si les choses ne s'aggravent pas trop; très-probablement il deviendra plus ferme, plus exigeant, plus dur peut-on dire.

Et en effet, c'était dur de demander à la Porte la reconnaissance directe ou indirecte des insurgés comme belligérants; c'était un acte d'hostilité contre la Turquie de nommer belligérants de véritables insurgés. Ce qui aurait dû être imposé alors aux combattants par les Puissances, c'est l'armistice, afin de permettre à des commissaires spéciaux de rédiger un arrangement sur place. Dans cet acte, la Porte aurait fait d'importantes concessions et les populations bosniaques auraient été heureuses de retrouver la paix et le repos sous une administration nationale.

Maintenant tout se complique : la Servie est en guerre, le Monténégro aussi, les flottes de l'Europe se groupent près des Dardanelles, l'Angleterre et la Russie sont en désaccord. Une guerre européenne nous menace peut-être, la question d'Orient semble entrer dans sa grande phase. Ne sommes-nous pas à la veille du démembrement de la Turquie?

Bien des gens prétendent qu'à Constantinople, on voit les Turcs boucler leur sac pour traverser le Bosphore, et aller dresser leur tente sur la côte d'Asie. On se demande seulement si c'est à Scutari ou à Brousse que s'établirait le Sultan Mourad. Bien des gens se trompent en ce disant. Les Turcs sont loin de se préparer au départ. Ils font partout des préparatifs de guerre et ils lutteront avec énergie, avec fanatisme, pour rester à Constantinople.

Mais le silence qui règne dans la diplomatie semble être le précurseur de quelque grand orage.

Chacune des Puissances ne médite-t-elle pas en ce moment un plan à exécuter immédiatement ou peu à peu en Turquie? Quels peuvent être ces projets? Favorables aux chrétiens, ruineux pour la domination ottomane en Europe, ils risquent fort d'entrainer une conflagration générale, calamité incalculable pour tous les intérêts. Que si les Puissances pouvaient s'entendre sur un plan unique, la paix serait gardée, la civilisation et les chrétiens y gagneraient et la rupture de l'équilibre européen serait évitée. Voici quel serait ce plan.

1° Reconnaître et proclamer immédiatement l'indépendance de la Roumanie, en l'affranchissant de la suzeraineté ottomane et en la dégageant de ses devoirs de vasselage.

2° Déclarer également indépendante la Principauté de

Servie en la détachant de la Turquie. Puis, joindre à ce pays les Serbes des provinces voisines, telles que la Bosnie et le gouvernement de Nisch ou Nissa, de façon à ne faire qu'un seul État qui s'étendrait, d'une part, de la rivière Verbitza ou Verbas à la rivière Timok et jusqu'aux sources des rivières Nissava et Morawa, et, d'autre part, de Belgrade jusqu'à la frontière de l'Herzégovine.

3° Proclamer l'indépendance du Monténégro qui ne veut pas reconnaître la suzeraineté du Sultan, et y rattacher l'Herzégovine.

4° L'Epire (Albanie et Janina) revient à la Grèce, comme aussi la Thessalie. Que faire de la Macédoine (Salonique et Uskup) et de la Thrace (Andrinople et Constantinople)? Tous ces noms parlent assez par eux-mêmes. Ils ont une origine grecque, et les pays grecs qu'ils désignent doivent tout naturellement être restitués à la Grèce. N'est-ce pas aux Grecs, plutôt qu'à tout autre, de recueillir l'héritage de Philippe de Macédoine, d'Alexandre-le-Grand et du grand Constantin ?

Donc la nouvelle frontière de la Grèce partirait de la ville d'Antivari sur l'Adriatique, couperait le lac de Scutari et, gagnant la montagne, suivrait toute la crête des Balkans jusqu'au cap Emineh, sur la mer Noire. En d'autres termes, tout ce pays qu'on appelle *Roumélie* serait attribué à la Grèce. Roumélie veut dire *pays des Romains*, ou pays des Grecs, car les Turcs appellent les Grecs *Oroums* (Romains), et de là vient Roumélie.

Comment, dira-t-on, vous attribuez Constantinople à la Grèce ? Eh ! oui, sans doute. N'était-ce pas une ville tout à fait grecque avant les Turcs? S'il fallait une preuve, nous rappellerions seulement que les lois de Byzance étaient rédigées en langue grecque.

Les Grecs y sont encore nombreux, riches, instruits, influents.

Mais si l'on ne voulait pas de cet arrangement, que pourrait-on faire ?

Voudrait-on donner Constantinople au colosse russe encore à demi-barbare ? D'abord la Russie n'y a aucun droit. Le slave est tout à fait étranger aux rives du Bosphore.

Puis, voyez le danger : bientôt une formidable marine russe subjuguerait toute la mer Noire qui deviendrait un lac russe et dont les portes seraient ouvertes ou fermées à la navigation universelle, selon le bon plaisir du Czar de toutes les Russies. Du même coup mourrait la libre navigation du Danube qui a occupé une si large place dans le traité de Paris (1856). — Ce n'est pas tout. La Corne d'or est une espèce de golfe étroit et allongé, un grand port tranquille et sûr par les plus mauvais temps d'hiver. Il s'étend entre Stamboul et Galata, au centre même de la capitale.

C'est là que toute la flotte ottomane, tous les gros vaisseaux cuirassés, vont prendre leurs quartiers d'hiver. C'est là qu'en tout temps la Russie engouffrerait une énorme flotte, toujours à l'abri des vents, et de plus, grâce au détroit des Dardanelles, à l'abri de toutes les attaques des Puissances. C'est de là que cette permanente et terrible force s'élancerait en secret et en une seule nuit dans l'Archipel et dans la Méditerranée. Qui pourrait être tranquille en face d'une puissance maritime si formidable ? La flotte et les côtes de la Grèce, les iles de l'Archipel, les côtes de l'Asie Mineure, la marine turque ou égyptienne, le canal de Suez dont la liberté serait gravement menacée, les côtes de l'Afrique, Tunis, Alger, l'Espagne, Toulon ou Marseille, l'Italie, presqu'ile abordable de tous côtés, l'Autriche et son commerce de Trieste, sa marine et ses arsenaux de Pola et de Fiume, tout serait exposé au danger. Les Puissances riveraines de la Méditerranée se verraient obligées d'entretenir toujours en armes une marine considérable, prête à toute surprise. C'est impossible ; le repos de l'Europe n'existerait plus ; les budgets des ministres de la marine seraient doublés ; le commerce, toujours sur le qui-vive, éprouverait d'incalculables pertes. Ce serait, en un mot, la paix armée en permanence, état plus ruineux que la guerre, de l'aveu universel.

On ne laissera pas Constantinople à la Russie.

Mais la Russie peut dire de son côté, je ne laisserai cette ville à aucune grande Puissance.

Fort bien. Commençons par la prendre aux Turcs, ce qui n'est pas bien difficile. Après cela, et pour continuer la logique russe, on la donnera à une Puissance chrétienne sympathique à la Russie ; pas à une grande Puissance qui porterait ombrage, mais à un petit Etat qui y a des droits historiques, qui ne pourra menacer personne, et qui, de plus, — argument *ad hominem* contre la Russie — suit la même religion que le Czar. Oui, il faut attribuer Constantinople à la Grèce.

Pour compléter le lot de la Grèce, nous dirons que la force des choses exige d'ajouter à la Roumélie les iles de Marmara, de Thasso, Samotraki, Imbro, Limno et Hayo-Strati.

Reste la Bulgarie. Ce pays suit les sinuosités du Danube sur la rive droite, depuis le Delta jusqu'au confluent de la rivière Timok et s'étend au sud jusqu'au pied des Balkans. Les Bulgares sont slaves ; autrefois ils ont occupé les belles et riches plaines de la Moldo-Valachie. D'autre part, les Valaques, descendants des Daces, sont un mélange de Romains, de Bulgares et de plusieurs autres éléments slaves. Leur langue est un composé de latin et de slave. Les noms des dignités et fonctions publiques sont slaves, comme du reste dans presque toute la Turquie d'Europe. La race slave, cette race guerrière, nombreuse, entreprenante, a laissé en Roumanie une prédominante empreinte.

De plus, pendant plus de 200 ans (1186-1396), il y eut sur les bords du Bas-Danube un royaume *valaque-bulgare* qui compta cinq rois et ne tomba que sous les coups des Turcs et du sultan Bayézid Ier.

Il faut donc ressusciter cet Etat, par l'annexion de la Bulgarie à la Roumanie ; on réveillera ainsi les souvenirs nationaux des Bulgares et on renouera le fil des traditions historiques coupé par le glaive des Ottomans.

Voilà comment serait partagé ce grand pays de la Turquie d'Europe, à la satisfaction générale des habitants chrétiens, délivrés enfin d'une administration arbitraire, tyrannique et incorrigible, et sans que les grandes Puissances puissent trouver entre elles un véritable motif de jalousie.

Il y a lieu toutefois de faire une rectification de frontière en faveur de la Russie et de l'Autriche. La première reprendrait la ligne du Pruth et du Bas-Danube, et la seconde réunirait à ses Croates la Croatie turque jusqu'à la rivière Verbitza.

Sans doute, les Turcs ne seraient pas contents ; nous le savons bien. Mais ces messieurs ont lassé la patience des chrétiens et de l'Europe pendant 400 ans. Ils ont eu le temps de modifier leur système de gouvernement, ils ne l'ont pas voulu. Tant pis pour eux ! Ils ont faim et soif de la justice depuis trop longtemps, ces pauvres *raïas*, il faut qu'ils soient rassasiés.

La civilisation, étouffée par les Turcs, ressuscitera dans la péninsule des Balkans; l'agriculture ruinée et presque morte, doublera les produits de ces riches provinces et le chemin de fer, ce malheureux chemin de fer de Roumélie qui a tant occupé la diplomatie à Péra pendant l'hiver de 1875, le chemin de fer sera enfin achevé jusqu'à Belgrade et fera affluer les richesses agricoles de ces pays sur les marchés de l'Europe. En retour, les voies ferrées, se reliant à celles de Vienne et de Paris, apporteront facilement jusqu'à Constantinople les produits de l'industrie européenne, les ingénieurs, les industriels et les capitalistes courageux. Oui, nous sommes convaincus qu'une grande prospérité couvrirait bientôt les deux côtés des Balkans, si l'on ouvrait tout de suite à ces pays l'avenir que nous avons indiqué, qui leur sera ouvert tôt ou tard et que nous leur souhaitons de tout cœur.

Ce projet de partage ne serait-il pas celui des Puissances, qu'il y aurait une autre voie, moins immédiatement décisive et aussi moins expéditive, par laquelle on peut arriver à la solution de cette éternelle question d'Orient. Essayons de l'exposer.

Si l'on étudie avec une sérieuse attention l'histoire de l'Empire ottoman, on reconnaîtra la justesse des observations suivantes.

Des peuples chrétiens qui gémissaient sous le joug des Turcs, plusieurs l'ont secoué et ont ressaisi leur indépendance au prix de leur sang et de celui de l'Europe. Cette indépendance est bien établie, garantie par les grandes Puissances : elle ne leur échappera plus. — De ce fait découle logiquement cette conséquence : en signant son propre affaiblissement (chose qu'elle ne pouvait plus éviter), la Turquie a créé un précédent, elle a ouvert une porte aux opprimés.

On en profitera, qu'elle en soit persuadée ; bien plus... on en profite. Ce mouvement vers l'autonomie, commencé en 1816, est continué aujourd'hui par l'Herzégovine et les autres provinces slaves sous nos yeux. L'effervescence a gagné tous les voisins, et nous voyons ces belliqueux Monténégrins, joints aux Serbes, prendre ouvertement part à la lutte.

L'Europe s'en est émue depuis le commencement ; elle a échangé des observations diplomatiques ; la note Andrassy a circulé de cabinet en cabinet : on travaille encore à la pacification autant qu'à l'amélioration du sort de ces chrétiens. Les leçons de l'histoire nous apprennent que de tous ces efforts combinés, sortira l'autonomie de ces peuples avec plus ou moins de développement. Sans doute, en haut lieu, des événements graves se passent. Une guerre en ce moment ne saurait avoir un autre sens que la guerre de Crimée. Le partage sortira-t-il d'un accord des Puissances?... Y aura-t-il annexion par la force victorieuse?..... Quoiqu'il arrive, la guerre actuelle ou future tournera au détriment de la Turquie ; celle-ci perdra quelque chose ; — et les chrétiens gagneront quelque chose, c'est certain : soit qu'ils conquièrent leur autonomie en reconnaissant la suzeraineté de la Porte, soit qu'on les détache complétement de celle-ci, le but sera atteint : ces peuples pourront vivre sous l'empire de lois justes, de lois chrétiennes.

Ainsi en sera-t-il dans la suite, car les Turcs ne changeront pas le Coran et, dans ces conditions, les chrétiens seront toujours mécontents. Nous assisterons alors au spectacle de l'émiettement de la Turquie d'Europe. Qui l'aura fait? — la Turquie elle-même. C'est elle qui se sera creusé l'abîme où elle sera précipitée. C'est elle qui, par ses propres fautes, consommera sa propre dissolution.

Mais ce n'est pas assez qu'elle y travaille seule. Ce sera trop long, trop long pour les chrétiens ! Non que les vexations turques puissent tarder à venir, mais il n'est pas aisé d'organiser tous les jours une insurrection sérieuse. Il faut donc seconder les efforts des chrétiens. Personne, mieux que les Puissances influentes, ne le fera. Leur but sera de favoriser tout ce qui tend à obtenir légitimement l'autonomie aux peuples chrétiens opprimés dans la Turquie d'Europe.

Les Gouvernements, tout en exigeant des réformes en faveur des *raïas*, sauront ne plus attacher un grand prix à ces firmans dorés, à ces lois pompeuses de la Réforme.

Ils feront bonne justice des promesses turques et du sceau des Sultans. Le doute n'est plus permis ; la lumière est faite sur la vanité de toutes ces choses, sur la persévérance des méfaits de la race dominatrice.

Plus de leurre, mais des actes, des choses positives. L'intérêt si longtemps lésé des chrétiens demande désormais une attention et une action suivies, des mesures énergiques et définitives. Il y en a deux principalement :

I. *L'action diplomatique.* — La diplomatie sera toujours en éveil pour épier en quelque sorte les moindres gémissements des *raïas*. Elle interposera avec fermeté et avec tact, son autorité, non-seulement toutes les fois que cela sera absolument nécessaire, mais à toute occurrence favorable. Elle recherchera les occasions sans attendre les plaintes. Elle étendra son influence jusqu'à ces questions si essentielles de propriété et de justice et élèvera une voix sévère pour empêcher de molester les chrétiens. Cette même manière de voir et d'agir, généralisée en faveur des pays qui forment un tout complet, tels que la Bosnie, l'Herzégovine, des priviléges particuliers obtenus pour eux, les feront aboutir peu à peu, mais nécessairement, à l'autonomie complète, objet de leurs légitimes aspirations.

Mais, s'écrieront avec la Turquie les partisans du système égoïste de non-intervention, c'est une ingérance, et, qui plus est, une ingérance dans les affaires intérieures du pays (Article 9 du traité de Paris). — Sans doute, répondrons-nous, et c'est bien ainsi que nous l'entendons.

L'article 9 du traité de 1856 a été une faute ou une inadvertance, et c'est un devoir de la réparer. On le fera indirectement par des conseils et par l'influence ordinaire des ambassadeurs; on le fera, au besoin, par une révision.

Comment cette faute des plénipotentiaires européens pourrait-elle excuser notre indifférence? Des peuples entiers souffrent là-bas, et, de plus, il y a parmi eux des compatriotes, français, anglais, russes, etc., et nous garderions le silence?

Quoi? la Turquie aurait le droit de faire abus de sa force, et les Puissances réunies ne devraient pas, pour l'arrêter, faire usage de leur grande influence et de la salutaire crainte qu'elles inspirent?... Arrière ces scrupules déplacés et place à la diplomatie. — Mais une condition *sine qua non* se pose à l'efficacité de son action : c'est la simultanéité et la combinaison des efforts des hautes Puissances protectrices; ou, du moins, l'entente parfaite de toutes sur le principe même de ces efforts, que ces efforts soient d'ailleurs tentés par telle ou telle d'entre elles. Il faut la force de leur union.

II. *L'intervention au profit de toute insurrection légitime.* — Ne nous effrayons pas trop des mots, mais entendons bien les choses. Soutenir l'insurrection, qu'est-ce à dire?... C'est écouter les prétentions des insurgés, en devenir les interprètes fidèles et convaincus auprès de la Sublime-Porte. C'est, plus que cela, appuyer, à la barre de ce tribunal suprême, les exigences justes de la révolte, tout en élaguant celles qui sont le fruit de l'exaltation ; — ou bien prendre l'initiative de quelque nouvel arrangement. Soutenir l'insurrection, c'est enfin menacer, à défaut d'autres moyens *efficaces* de demander par les armes l'adoption des propositions équitables des insurgés. *Menacer* seulement, disons-nous à dessein. En effet, qui peut douter de l'adhésion finale de la Turquie? S'il a fallu, en 1829, un appareil de forces considérables, trois grandes Puissances en armes pour la réduire au traité d'Andrinople, la Turquie de 1876 n'est pas celle de 1829. Elle est bien moins forte aujourd'hui. En veut-on une preuve bien facile ? Une faible insurrection (et l'on connait les ressources ordinaires d'une insurrection !) tient en échec depuis plus d'un an ce grand Empire si fort pourtant dans les combats de la vie civile contre les chrétiens. Est-ce assez ? — Mais elle *triomphe* même par moments (*). Et l'effroi que lui causera la perspective d'une guerre contre l'Europe ne la ferait pas céder ?... Allons donc !... elle tient encore trop à sa conservation pour ne pas fermer l'oreille à quelque nouveau Gambetta qui lui prêcherait *la guerre à outrance !*

Donc, que les peureux se rassurent ! les hommes d'Etat sont déjà rassurés avant nous. Il n'y aurait pas de guerre dans notre hypothèse précédente, et la menace serait purement morale.

Mais, si l'on veut le succès, on doit être uni pour appuyer les demandes raisonnables de l'insurrection surtout à l'heure de la menace, comme dans l'action diplomatique.

Sinon, on aboutira infailliblement à une seconde guerre de Crimée où l'intérêt des chrétiens risque d'être absorbé par les intérêts personnels. Et alors l'on refera un traité de Paris, ou bien il y aura un démembrement arbitraire du territoire turc au gré du vainqueur.

Cependant on pourrait opposer cette considération, en apparence très-fondée : « Vous nous conseillez d'appuyer l'insurrection ; mais c'est nous conseiller d'autoriser d'avance d'autres incendiaires à mettre le feu à notre propre maison ; c'est une approbation tacite, implicite de leurs entreprises contre nous-mêmes. Nous repoussons donc de tels conseils. »

(*) Chacun peut se rappeler aussi cette insurrection crétoise, sans cesse *étouffée* et sans cesse renaissante.

On peut répondre par ce dilemme : ou bien votre sysme de gouvernement est fondé sur la justice, et dès lors ous aurez l'ordre et la tranquillité ; ou bien vous régnez r l'arbitraire, par la tyrannie ; dans ce cas, l'insurrecon contre vous est aussi légitime que celles des chrétiens Orient.

Mais nous le proclamons encore, nous avons l'honneur ne pas appartenir à cette secte révolutionnaire qui inscrit r son drapeau ensanglanté : *l'insurrection est le plus int des devoirs.* Donc, quant à ces révoltes de parti rigées contre un pouvoir légitimement établi, ou quant ces brigandages du socialisme en action qui ont pour rme les expropriations forcées, sans indemnité, pour use d'utilité privée, nous les abandonnons à la rigueur s lois pénales et des charges de cavalerie. — Au reste, otons trois points historiques. Le premier est que tou- urs on a eu promptement raison de ces rébellions passa- res. Le second est que les annales de l'Europe men- onnent plusieurs interventions même *armées* en faveur insurrections étrangères. Le troisième est que, malgré la, jamais le spectacle des chrétiens combattant pour urs libertés en Orient et soutenus ainsi que nous venons le dire, n'a suscité de révolte quelque autre part dans Europe.

Nous croyons avoir suffisamment démontré notre thèse ue nous résumons en ces mots : continuer l'œuvre de ffaiblissement et de la dissolution de l'Empire ottoman ttreprise avec tant de succès par les Sultans eux-mêmes. el doit être désormais le but commun de toutes les Puis- nces européennes, coalisées pour le bonheur des chré- ens de l'Orient.

Nous pouvons confirmer ce qui précède par l'opinion un esprit distingué :

« Quand telle ou telle portion de ces chrétiens tente

de s'affermir et de redevenir un peuple, c'est pour l'Europ[e] civilisée la seule politique sensée et efficace de leur venir d[i]rectement en aide et d'accomplir, par des mouvements na[]turels et partiels, la délivrance de ces belles contrée[s,] l'une des deux sources de la civilisation européenne. L'Eu[]rope entra dans cette politique quand elle accepta la ré[]surrection de la Grèce. Français, Anglais, Allemands, Rus[]ses, les peuples civilisés et chrétiens ne purent supporte[r] le spectacle d'une petite population chrétienne luttant hé[]roïquement après des siècles d'oppression, pour recouvre[r] dans le monde civilisé sa place et son nom. » (*)

Ce but a été poursuivi, avec énergie, avec acharnemen[t] même par une nation puissante. Nous lui en ferions cer[]tainement un titre de gloire, si son dévouement n'éta[it] pas si intéressé et si les moyens employés étaient toujou[rs] avouables. Nous voudrions voir les autres nations s'asso[]cier davantage aux efforts de la Russie, quand ils sont lé[]gitimes, et par leur coopération substituer à ses visées pe[r]sonnelles la noble ambition de gagner la grande cause de[s] chrétiens d'Orient. Cette cause n'est autre que celle de l[a] justice.

(*) Guizot, *Mémoires*, t. VII, p. 263.

FIN

Nancy. — Imprimerie Humbert, rue de la Hache, 58.

TABLE DES MATIÈRES

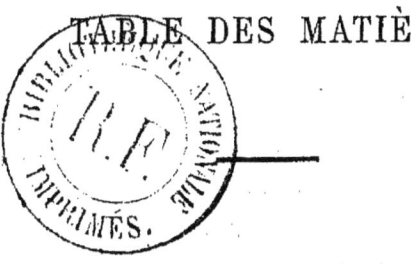

                                                                      Pages.

I. — Griefs des chrétiens. — Réformes. — Raison de leur inexécution. — Perspective d'avenir.............. 1

II. — Conduite des chrétiens. — Moyens employés. — La presse. — La diplomatie. — La lutte armée....... 11

III. — Que faire? — Plan de partage. — Dissolution........ 22

NANCY. — IMPRIMERIE HUMBERT, RUE DE LA HACHE, 58.

www.ingramcontent.com/pod-product-compliance
Lightning Source LLC
Chambersburg PA
CBHW070707050426
42451CB00008B/531